W0074518

Die Würde des Alters
und die Vollendung des Lebens

Karl Kardinal Lehmann

Die Würde des Alters und die Vollendung des Lebens

benno

Bibliografische Information der Deutschen Nationalbibliothek
Die Deutsche Nationalbibliothek verzeichnet diese Publikation
in der Deutschen Nationalbibliografie;
detaillierte bibliografische Informationen sind im Internet über
http://dnb.d-nb.de abrufbar.

Besuchen Sie uns im Internet:
www.st-benno.de

Gern informieren wir Sie unverbindlich und aktuell auch in
unserem Newsletter zum Verlagsprogramm, zu Neuerscheinungen
und Aktionen. Einfach anmelden unter www.st-benno.de.

ISBN 978-3-7462-4961-2
© St. Benno Verlag GmbH, Leipzig
Umschlaggestaltung: Ulrike Vetter, Leipzig
Coverbild: © khlongwangchao/Shutterstock
Gesamtherstellung: Kontext, Lemsel (B)

INHALT

Hinführung   7
I.   Würde des Alters   11

1.   Eigenart der Lebensalter   11
2.   Gegenwärtige Entwicklungen
     im Umgang mit dem Alter   14
3.   Biblische Aussagen über das Alter   19
4.   Annahme des Alters   31
5.   Kreatürlichkeit, Abschiedlichkeit,
     die Gunst der Zeit und Gelassenheit   36
6.   Späte Freiheit   39

Anmerkungen   45

II. Die Vollendung des Menschen:
     Was heißt „ewiges Leben"?   48

1.   Annäherung: Unstillbare menschliche
     Sehnsucht und ewiges Leben   50

2. Grundantwort der Offenbarung 57
3. Verborgene Gegenwart des ewigen
   Lebens in unserer irdischen Existenz 61
4. Antwort auf die letzte Frage des
   Menschen: Leben nach dem Tod 65
5. Konzentration und Synthese:
   Wer oder was ist das ewige Leben? 72

Literaturhinweise 78

Hinführung

Das „Alter" des Menschen in sich scheint eine
ziemlich selbstverständliche Größe zu sein.
Freilich ist das konkrete Erreichen des Alters
schon sehr verschieden und scheint in den meis-
ten Fällen etwas geradezu Schicksalhaftes zu
bedeuten: jung und alt, früher Tod und langes
Leben, rasche Alterung, gesundes Leben bis ins
hohe Alter, frühe Vollendung. An diesen „unter-
schiedlichen" Ausprägungen des Alters tritt uns
das Schicksalhafte der Vollendung des Menschen
am auffälligsten entgegen.

Daran hat sich grundsätzlich nicht viel geändert,
auch wenn das Gesicht des Alters uns heute an-
ders begegnet. Sehr viele Menschen können heute viel älter werden als ihre Vorfahren. Wir stau-
nen, wie viele Menschen heute z. B. die Grenze
von 80, ja 90 Jahren überschreiten können. Die
Lebensläufe und auch ihr Beziehungsgeflecht ver-

ändern sich. Die Medizin aller Sparten und Disziplinen beschäftigt sich unvergleichlich mehr mit dem alternden und alten Menschen. Wir fühlen uns aber trotz dieses Wandels beinahe hilflos dem Lebensschicksal ausgeliefert – und dies in einer Welt, die uns, auch im Blick auf den Menschen selbst, viele Umgestaltungen erlaubt.

Dazu gehört auch die Frage nach der Vollendung des Menschen diesseits und jenseits des Todes. Was ist für den Menschen das vieldeutige und vielgestaltige „Ende"? Gewiss, wir können vieles lindern und heilen, wir haben für fast alles Mittel und Wege, können Hand an uns selbst legen oder alle gesundheitlichen Beeinträchtigungen mit Aussicht auf Erfolg aktiv und durchaus aussichtsreich angehen.

Dies alles erlaubt uns jedenfalls nicht, dass wir alles bloß schicksalhaft hinnehmen. Wir müssen mehr als je über unser Leben, unsere Gesundheit und Krankheit nachdenken. Schließlich gibt es auch ein Patientenverfügung, das uns zu gewissen Vorentscheidungen für den Ernstfall nötigt. Was denken wir im Übrigen über unser „Ende" und über das, was „nach dem Tod" kommt?

Aus dieser allgemeinen menschlichen Lage und der heutigen Situation heraus sind die beiden besinnlichen Vorträge dieses kleinen Buches entstanden. Sie entspringen einem lebenslangen Umgang mit den Fragen und Lebensrätseln der menschlichen Existenz. Der erste Beitrag gehört zu den letzten Vorträgen vor einem großen Publikum am Ende meines akademischen und kirchlichen Wirkens, der zweite Text gehört eher in die Anfangsphase meiner wissenschaftlichen, vor allem theologischen Tätigkeit, hat mich aber immer wieder zum weiteren Bedenken herausgefordert. Jetzt gehören beide Dimensionen viel enger zusammen, als ich früher dachte.

Der St. Benno Verlag, dem ich schon in der DDR-Zeit nahestand, hat mich mit vielen guten Anregungen zu diesem kleinen Band ermutigt. Ich danke besonders dem Lektorat, vor allem Herrn

Volker Bauch, für alle Hilfe: ein relativ rasch zustande gekommenes Projekt, allerdings länger vorbereitet und gereift – am Ende ein gerade heute notwendiges kleines Buch, das Nachdenklichkeit fördern und Segen stiften möge.

Mainz, an Ostern, 16. April 2017

Ich habe mich sehr über die baldige Notwendigkeit einer zweiten Auflage und die Wahl zum „Religiösen Buch des Monats September (2017)" gefreut.

Mainz, 16. September 2017

I. WÜRDE DES ALTERS

1. Eigenart der Lebensalter[1]

Wir sind oft in Versuchung, abstrakt vom Menschen zu reden. Dies hat gewiss auch einen guten Grund, denn das Menschliche im Sinne des Menschenwürdigen ist ein wichtiger Gradmesser dessen, was wir tun und vor allem, wie wir es beurteilen. Dennoch darf man nicht vergessen, dass unser menschliches Dasein im Laufe eines Lebens aus verschiedenen Stufen oder vielleicht auch Schritten besteht, die sich ablösen. Schon seit einiger Zeit gibt es dafür das Wort von den Lebensaltern. Bereits der heilige Augustinus (vgl. ep. 213) spricht von der Kindheit (infantia), der Knabenzeit (pueritia), dem Jünglingsalter (adolescentia), dem Mannesalter (juventus), dem reifen Mannesalter (gravitas) und dem Greisenalter (senectus). Berühmt ist ein sehr oft aufgelegtes und

heute noch lesenswertes Büchlein „Die Lebensalter" von Romano Guardini[2]. Selbstverständlich
hat gerade auch die Entwicklungspsychologie
aller Schattierungen eine solche Gliederung des
menschlichen Lebens in verschiedene Phasen
versucht. Dabei ist es nicht ganz gleichgültig, wie
man von den verschiedenen Lebensaltern spricht,
ob es Schritte, Phasen, Gestalten oder Stufen
sind. Es geht dabei nicht nur um die Entwicklung
im Ganzen, sondern auch um die Frage, wie es
zur Ablösung der einzelnen Lebensalter kommt.

Es gilt, die einzelnen Stufen in ihrer jeweiligen
eigenen Prägung zu verstehen und auch zu belassen. Immerhin geht es um unwiederbringliche
Gestaltungen unseres Lebens, die mit ihrer Ein-
zigartigkeit und Schönheit so nicht mehr wieder-
kommen. Dies gilt besonders für die Kindheit.
Allzu oft erblickt man nämlich in dieser Phase
fast nur die Dynamik, die rasch von Kindheit und
Jugend auf das Erwachsenenleben hineilt, wobei
Letzteres bewusst oder unbewusst zum Inbegriff
und Vollmaß des Menschseins wird, an dem man

alles andere im Sinne einer Vorbereitung oder eines Abschwungs misst. Manchmal habe ich die Sorge, dass man in unserer Bildungsdiskussion die Kindheit so zu belasten droht – ich bin freilich nicht grundsätzlich gegen ein frühkindliches Gefordertwerden –, dass man die Bedeutung des Freiseins für diese einzigartige Zeit, die unaufgebbar zum Menschsein gehört und die das spätere Weltverhältnis maßgebend prägt, verkennt und aus dem Kind bereits einen jungen Erwachsenen machen möchte. Den Ernst des Lebens bekommt das Kind noch früh genug mit, aber die Zeit unbeschwerten Daseins und unverzweckten Spiels kehrt nicht mehr wieder. Die Einmaligkeit des Kindseins entdecken nicht selten auch Eltern viel zu spät.

2. Gegenwärtige Entwicklungen im Umgang mit dem Alter

Man darf dem Menschen seine verschiedenen Lebensalter also nicht nehmen oder sie für bedeutungslos erachten. Das Kindsein ist nicht nur oder zuerst bloße Vorbereitung auf das Erwachsenwerden, und das Alter ist nicht nur einfach ein Geringerwerden der Kräfte und Energien, verglichen mit dem vollen Erwachsenenleben. Es ist deshalb erfreulich, dass man in den letzten Jahrzehnten versucht hat, immer mehr Sinn zu entwickeln für die einzelnen Lebensphasen. Mindestens gilt dies für einige Wissenschaften. So schrieb Romano Guardini vor mehr als einem halben Jahrhundert: „Es scheint aber, dass die Jahre des hohen Alters eine wachsende Bedeutung gewinnen. Bevölkerungsstatistik wie ärztliche Erfahrung zeigen, dass das durchschnittliche Lebensalter, die ‚Lebenserwartung', schnell steigt. Die Ursachen des Todes werden wirksamer bekämpft. Die Medizin entwickelt eine genauere Lehre vom Zustand des alten

Menschen und eine ihm gemäße Pflege – eine Gerontologie und Geronto-Therapie. Die soziale Fürsorge schafft die materiellen Bedingungen dafür, dass ein immer höheres Alter erreicht werden kann."

In der Zwischenzeit ist vieles von diesem Vorblick Wirklichkeit geworden, nicht zuletzt auch bei der Entwicklung des Faches Geriatrie/Geriatrik/Gerontologie. Im Blick auf die Medizin ist das Fachgebiet um 1940 in England stärker profiliert worden. Durch eine entsprechende Diagnostik und Therapie wurden viele chronisch kranke alte Menschen so weit wiederhergestellt, dass sie ein selbstständiges Leben führen können. Während in den angelsächsischen und skandinavischen Ländern sowie in der Schweiz die Geriatrie inzwischen ein anerkanntes medizinisches Fachgebiet darstellt, ist diese Entwicklung in Deutschland etwas langsamer vorangegangen. Dabei spielte das Bundesland Hessen mit den Kliniken in Hofgeismar als erste deutsche geriatrische Fachklinik (1967) und in Frankfurt-Hoechst als erste deutsche Tagesklinik (1978) eine wichtige Rolle. Seit

1993 gibt es im Übrigen eine „Bundesarbeitsgemeinschaft klinisch-geriatrischer Einrichtungen", die viel zur Kooperation und Koordination beigetragen hat.

Die Zahl alter und sehr alter Menschen nimmt in unserem Land ständig zu:

„Die Anzahl der 20- bis 64-Jährigen (2013: 49 Millionen) wird ab 2020 deutlich zurückgehen und 2060 je nach Stärke der Nettozuwanderung etwa 34 beziehungsweise 38 Millionen betragen (−30% beziehungsweise −23%). Der Anteil der 20- bis 64-Jährigen an der Gesamtbevölkerung wird von 61% im Jahr 2013 auf etwa 51% beziehungsweise 52% im Jahr 2060 sinken. (…) Ebenso zurückgehen wird die jüngere Bevölkerung im Alter unter 20 Jahren von gegenwärtig 15 Millionen auf 11 beziehungsweise 12 Millionen im Jahr 2060 (−26% beziehungsweise −18%). Ihr Anteil an der Gesamtbevölkerung wird dabei von 18% auf 16% zurückgehen.

Dagegen wird die Anzahl der Menschen im Alter ab 65 Jahren weiter steigen. Besonders stark wird diese Altersgruppe in den nächsten 20 Jahren wachsen, wenn die geburtenstarken Jahrgänge sukzessive in dieses Alter aufrücken. Im Jahr 2060 wird die Anzahl der ab 65-Jährigen 22 bis 23 Millionen betragen. Während derzeit jede fünfte Person dieser Altersgruppe angehört (2013: 21%), wird es 2060 jede dritte sein (2060: 32% beziehungsweise 33%).

Die demografische Alterung schlägt sich besonders deutlich in den Zahlen der Hochbetagten nieder. Im Jahr 2013 lebten 4,4 Millionen 80-Jährige und Ältere in Deutschland. Ihre Anzahl wird 2060 mit insgesamt 9 Millionen etwa doppelt so hoch sein wie heute. Der Anteil der Hochaltrigen an der Gesamtbevölkerung betrug 2013 rund 5%, bis 2060 wird er auf 12% beziehungsweise 13% zunehmen. Vier von zehn Menschen im Alter von 65 Jahren werden dann 80 Jahre und älter sein."[3]

Entsprechend wird auch die Bedeutung der medizinischen Versorgung alter Menschen weiter wachsen. Hier gibt es bestimmte Symptome, die im Vordergrund stehen: Instabilität (Stürze), Immobilität (Bettlägerigkeit), Inkontinenz und geistiger Abbau. Mit diesen Beeinträchtigungen gehen oft Verlust der Alltagskompetenz, Abhängigkeit, Unselbstständigkeit und Pflegebedürftigkeit einher. Was hier medizinisch in vieler Hinsicht durch die geriatrische Behandlung aufgefangen wird, muss analog eine entsprechende Hilfe in anderer Hinsicht finden, nicht zuletzt in psychologischer, anthropologischer und religiöser Hinsicht. Auf jeden Fall wird durch diese Maßnahmen insgesamt erkennbar, dass bei entsprechender Prävention und Rehabilitation die Selbstständigkeit oft lange aufrechterhalten und die Würde der Lebensphase des Alters besser gewahrt werden kann.

Zu einem tieferen Verständnis ist es gut, nicht nur von unserer eigenen Gegenwart auszugehen, sondern auch in andere Kulturen hineinzusehen, um uns selbst zu konfrontieren und uns zu fragen, ob wir die richtige Einstellung zum Alter haben. Deshalb möchte ich in einem zweiten Schritt genauer verfolgen, was die Bibel uns über das Leben im Alter sagt.

3. Biblische Aussagen über das Alter

Das Neue Testament

Für die Christen ist es naheliegend, den Ausgang für eine biblische Reflexion über das Alter beim Neuen Testament zu nehmen. Aber hier werden wir im ersten Augenblick enttäuscht sein, denn das Neue Testament kommt nur selten auf den alten Menschen und das Alter im physischen Sinne zu sprechen. Offenbar verliert das Alter durch das Evangelium Jesu Christi etwas an Gewicht: Wo alle durch die Taufe Jesus Christus gleichförmig geworden sind, verlieren mit den Standes-, Rassen- und Geschlechtsunterschieden (vgl. Gal 3,26–28) auch die Altersunterschiede letztlich ihre Heilsbedeutung. Das neue Leben des vom Tod auferweckten Herrn lässt alles in einem neuen Licht sehen. Daher werden der alte Mensch und das Alter im Neuen Testament oft nur noch in einem übertragenen Sinne genannt, so z. B. in Röm 6,6: „Wir wissen doch: Unser alter Mensch wurde mitgekreuzigt, damit der von der Sünde beherrschte Leib vernichtet werde und wir nicht Sklaven der Sünde bleiben." Nachdem die Christen durch die „Wiedergeburt" der Taufe geschritten sind, hat das Altwerden der vorläufigen, irdischen Existenz zwar keine Abwertung, aber eine starke Relativierung erfahren. Diese dispensiert die junge Generation aber keineswegs von der den Alten zu erweisenden Hochachtung, wie die Ermahnungen in den Haustafeln der Pastoralbriefe bezeugen (vgl. z. B. 1 Tim 5,1–8). Hier steht das Neue Testament ganz und gar in der Tradition der alttestamentlichen Familienordnung.

Wirklich herausragende alte Gestalten begegnen uns in diesem Kontext nur an der Schnittstelle vom Alten zum Neuen Bund. Da sind zunächst Zacharias und Elisabeth (Lk 1,5 ff.). Sie bleiben bis ins hohe Alter kinderlos und werden dann doch noch in ihrer späten leiblichen Fruchtbarkeit zu Trägern einer großen göttlichen Verheißung. Hierin sind sie verwandt mit vielen alttestamentlichen Gestalten, allen voran Abraham und Sara. Ebenso weisen Simeon und Hanna (Lk 2,25

ff.) in die alttestamentliche Tradition zurück, ja
sie können geradezu als Exponenten der alttestamentlichen Heilserwartung bezeichnet werden:
In ihnen harrt das Volk des Alten Bundes der Erfüllung der göttlichen Verheißungen entgegen.
Ihr physisches Altsein ist Symbol dieses weisen,
geduldigen, hoffnungsvollen Ausschauens nach
dem Kommen Gottes.

Das Alte Testament

Schon im Blick auf das Neue Testament wurde
deutlich, dass der Reichtum biblischen Sprechens
über das Alter in den Schriften Israels zu suchen
ist. Die Aussagen des Alten Bundes über den alten
Menschen werden vom Neuen Testament, wie
wir sahen, zwar zum Teil relativiert, aber durchaus als gültig vorausgesetzt.
Wo die Auferstehung in der Heiligen Schrift noch
nicht oder nur sehr verhalten erhofft wird, hat die
Hoffnung auf ein langes Leben und der Wunsch,
im eigenen Lebenswerk und vor allem in den Kin-

dern und Kindeskindern fortzuleben, eine umso größere Bedeutung: „Eine Krone der Alten sind Kindeskinder; der Kinder Ruhm sind ihre Väter" (Spr 17,6). Deshalb sind hohe Jahre, ein langes Leben auch ein besonderes Geschenk (vgl. Gen 5 und 11; Ps 90,10; Jes 65,20; Sach 8,4). Insbesondere der spät in Erfüllung gegangene Kinderwunsch gilt als großer Gnadenerweis und Eingriff Jahwes, wo menschlich schon nichts mehr zu erhoffen war (vgl. z. B. Gen 18,9 ff.; 21,6 f.; Ri 13,2–7).

Oft werden alte Menschen als diejenigen dargestellt, die aufgrund ihrer Erfahrung weise geworden sind. Sie stellen die Urform der Autorität dar, begründet durch Erfahrungs- und Wissensvorsprung. Gerade darum sollen auch die jungen Menschen ihnen Ehrfurcht entgegenbringen und Ehre erweisen. Geschieht dies nicht, werden z. B. Eltern von ihren Kindern entehrt oder misshandelt, so kennt das Alte Testament für uns heute fast unvorstellbar drastische Strafen: „Wer seinen Vater oder seine Mutter schlägt, wird mit dem Tod bestraft" (Ex 21,15.17; Dtn 21,18–21). Diese Verpflichtung zur Ehrfurcht gilt nicht nur für das Verhältnis der Kinder gegenüber den Eltern (vgl. Ex 20,12), sondern der gesamten älteren Generation gegenüber: „Du sollst vor grauem Haar aufstehen, das Ansehen eines Greises ehren und deinen Gott fürchten" (Lev 19,32). Es ist ruchlos, das Alter zu verspotten (vgl. Ijob 30,1; Spr 30,17; Weish 2,10) und ein Zeichen chaotischer Zeiten (vgl. Dtn 28,50; Klgl 4,16).

Symbol für das ehrwürdige Alter sind die grauen Haare. „Graues Haar ist eine prächtige Krone, auf dem Weg der Gerechtigkeit findet man sie" (Spr 16,31). „Der Ruhm der Jungen ist ihre Kraft, die Zier der Alten ihr graues Haar", heißt es zusammenfassend (Spr 20,29). Aus diesem Loblied auf die von uns heute oft nicht gerade geschätzten grauen Haare spricht die Erfahrung, dass der Rückgang der körperlichen Schönheit oft mit dem Wachstum der „inneren" Reife des Menschen einhergeht.

Trotz dieser grundsätzlich positiven Deutung der letzten Lebensphase kennzeichnet das Alte Testament das Altsein durchaus realistisch auch mit seinen Schattenseiten. Die Wertschätzung ist kein Automatismus. Alte gelten freilich bis zum

Erweis des Gegenteils (vgl. Ijob 32,6–10) als
weise und lebenserfahren (vgl. Spr 16,31 u. ö.)
und sind darum zu ehren (vgl. Sir 6,34; 32,9).
So wird freilich auch nüchtern aufgedeckt, wie
mit fortschreitendem Alter die Kräfte, die Sinne
und die Lebensäußerungen schwach und schwä-
cher werden (vgl. Gen 27,1; 1 Sam 34,3; 1 Kön
1,1–4; Koh 11,9–12.27). Und das einzige Klage-
lied (Ps 71), das eindeutig die Perspektive eines
alten Menschen vor Gott spiegelt, benennt nicht
nur das Schwinden der körperlichen Kräfte des
alten Menschen, sondern vor allem seine Angst,
verlassen zu sein von Gott und den Menschen:
„Verwirf mich nicht, wenn ich alt bin, verlass
mich nicht, wenn meine Kräfte schwinden. Denn
meine Feinde reden schlecht von mir ... Auch
wenn ich alt und grau bin, o Gott, verlass mich
nicht" (Ps 71,9–10a.18a).
Sicher steckt hinter solchen Befürchtungen alter
Menschen oft genug die Erfahrung, statt der ge-
bührenden Achtung Rücksichtslosigkeit erlebt
zu haben, und wegen der körperlich-geistigen
Schwachheit verspottet worden zu sein. Solche

Erbarmungslosigkeit gegen alte Menschen ist für Israel Anzeichen eines gottlosen Volkes: „Ein Volk mit unbeweglichem Gesicht, das sich dem Greis nicht zuwendet und für das Kind kein Mitleid zeigt" (Dtn 28,50). Die Qualität einer Gesellschaft lässt sich nach dem Zeugnis der Heiligen Schrift also nicht zuletzt daran messen, ob sie Sinn, Verständnis und Ehrerbietung aufbringt gegenüber alten Menschen. Aber die Schrift ist sehr nüchtern: Größe und Schwäche, Weisheit und Torheit, Eigensinn und kluge Zurückhaltung liegen nahe beieinander.[4]

Gerade hier darf jedoch nicht vergessen werden, dass Israel zwar keinen Kult der Jugendlichkeit zulässt, dass es aber genauso wenig das Alter um des Alters willen absolut setzt. So ist die Frage „Findet sich bei Greisen wirklich Weisheit, und ist langes Leben schon Einsicht?" durchaus legitim (Ijob 12,12). Die Bibel verdrängt die Erfahrung nicht, dass alte Menschen auch ausgesprochen unklug, verbohrt und starrköpfig sein können. Auch die Alten haben keine Garantie für Weisheit und Einsicht. Nicht das physische Alter alleine macht den

Menschen letztlich zum Weisen, genauso wenig wie Reichtum und Erfolg schon in sich Anzeichen eines gelungenen Lebens sind: „Besser ein junger Mann, der niedriger Herkunft, aber gebildet ist, als ein König, der alt, aber ungebildet ist, weil er es nicht mehr verstand, auf Ratschläge zu hören" (Koh 4,13).

Alter ist also nicht schon ein Wert in sich; es geht um etwas anderes. Die Armut des Menschen vor Gott, das Wissen um die menschliche Bedürftigkeit und um die Notwendigkeit, das Entscheidende von Gott her zu erhalten, machen den alten Menschen erst reich. Der Alte ist letztlich nur dann wirklich weise, wenn er fähig wird, das Leben wieder in die Hände Gottes zurückzulegen. Wo es zur schrittweisen Übereignung an Gott wird, ist Altern mit all seinen Gebrechen das Gegenteil des Scheiterns. Wer rechtzeitig seine Grenzen erkennt und anerkennt, ist wirklich weise und verdient höchste Anerkennung, so etwa in der Bibel der achtzigjährige Barsillai, der sich nicht scheut, alle seine altersbedingten Schwächen zu benennen (vgl. 2 Sam 19,32–41).

In allen diesen Aussagen erweist sich die Heilige Schrift als nüchtern und realistisch im Blick auf das Leben im Alter. Die Doppelgesichtigkeit dieser Lebensphase wird nicht verleugnet. Dabei kennen Altes und Neues Testament nicht nur allgemeine Aussagen über den alten Menschen, sondern mehr noch schildern sie konkrete Menschen in ihrer Kraft und Stärke, aber auch in der Schwäche ihres Altseins: Isaak (Gen 27,21), Jakob (Gen 48,10), Eli (1 Sam 3,2), Mose (Dtn 34,7) und nochmals zu erwähnen Zacharias und Elisabeth (vgl. Lk 1,5–80), Simeon und Hanna (vgl. Lk 2,21–38). Sie alle sind in ihrem Alter Menschen, die so weise sind, dass sie ganz dem Kommenden entgegenharren und nicht nur rückwärtsschauen. Dieses Leben in den Erinnerungen – ein Reichtum des alten Menschen – kann ihm ja auch zum Hindernis werden, sich nach dem Kommenden, vor allem nach dem kommenden Herrn auszustrecken.

Gerade die Weisheitsbücher sehen manche Doppeldeutigkeit des Lebens. Ein schönes Beispiel ist dafür Ijob, der es am Glück des Frevlers veranschaulicht und sich fragt: „Warum bleiben Frevler am Werk, werden alt und stark an Kraft ... Ihre Häuser sind in Frieden, ohne Schreck, die Rute Gottes trifft sie nicht ... Sie verbrauchen ihre Tage im Glück und fahren voll Ruhe ins Totenreich. Und doch sagten sie zu Gott: Weiche von uns! Deine Wege wollen wir nicht kennen" (Ijob 21,7.9.13 f.). In all diesen Aussagen, die mit zum gesamten Kontext gehören, zeigt sich das Ringen der Heiligen Schrift als nüchtern und realistisch im Blick auf das Leben im Alter.

Dies sollte nur eine knappe Erinnerung sein, was uns die Bibel zum Alter und zu den alten Menschen sagt. Wir spüren von selbst, welche Lebensweisheit aus diesen Zeugnissen spricht und was wir daraus lernen können. Im Antlitz des alten Menschen können wir wieder neu das Gesicht und das Bild des Menschen überhaupt entdecken. Wir hätten viel gelernt für den Umgang mit Leben und für unsere Sorge um die alten Menschen, wenn wir neu wahrnähmen, wie sehr sich uns gerade im alten Menschen das Geheimnis jeden Lebens offenbart.

Es ist gut, eigens und ausführlicher auf das vierte Gebot zurückzukommen: „Ehre deinen Vater und deine Mutter, damit du lange lebst in dem Land, das der Herr, dein Gott, dir gibt" (Ex 20,12). Mit diesem sogenannten Elterngebot setzt im Dekalog (= Zehn Gebote) die Reihe der Sozialgebote ein. Dabei hat man sich oft gewundert, warum dieses Elterngebot an der Spitze steht. Wir sind natürlich ohnehin im Verständnis dieses Gebotes verunsichert, weil wir es schon seit langer Zeit vor allem in der Perspektive der Unterordnung der Kinder unter die Eltern deuten und dabei besonders die Aspekte der Autorität und des Gehorsams maßlos hervorgehoben haben.

Dem ursprünglichen Sinn nach richtete sich die Pflicht, Vater und Mutter zu „ehren", an die erwachsenen Kinder zur Sicherstellung der Versorgung der alten Eltern. Dieses Gebot steht an der Spitze der ethischen Weisungen im Alten Testament. Dabei geht es weniger um das Verhältnis von Kindern zu Eltern, sondern von Erwachsenen zu Alten. Diese waren allein auf die Versorgung durch die Jüngeren angewiesen. „Ehren" meint in diesem Zusammenhang die Verpflichtung zu konkreten materiellen Versorgungsleistungen. Die angemessene Versorgung der alten Eltern mit Nahrung, Kleidung und Wohnung wird vorausgesetzt. Darüber hinaus wird ein respektvoller Umgang und eine würdige Behandlung verlangt, die trotz der Abnahme der Lebenskraft ihrer Stellung als Eltern entspricht.

Dafür haben die Eltern aber auch die Aufgabe, ihren Kindern die Weisungen Gottes und besonders den Dekalog weiterzugeben. Wenn im Lichte der späteren Interpretation des Gebotes auch noch in einem erweiterten Sinn von „ehren" die Rede ist, dann soll dies heißen, dass die Jüngeren den oft gegebenen Vorsprung an Erfahrung und manchmal auch an Weisheit der Alten respektieren und diese „Autorität" nicht verachten. Es wurde oben schon gezeigt, dass dies nicht heißt, das Alter hätte in allem und von vornherein einen ganz selbstverständlichen Vorrang vor den Jüngeren. Hier hat der biblische Glaube nicht eine Gerontokratie legitimiert, die in jedem Fall eine durchgehende Überlegenheit der älteren Generationen fixiert.

Für dieses ausgewogenere Verständnis möchte ich aus der späteren Zeit nur die bekannte Ordensregel des hl. Benedikt anführen, die auf der einen Seite von der antiken Tradition her der Erfahrung und der Weisheit der Älteren Rechnung trägt, auf der anderen Seite aber auch Weisheit bei Jüngeren gegeben sieht. So heißt es in Kap. 3 bei der Einberufung der Brüder zum Rat, zu dem alle aus der Gemeinschaft zusammenzurufen sind: „Wir haben aber deshalb bestimmt, dass alle zur Beratung einberufen werden, weil der Herr oft einem Jüngeren offenbart, was das Beste ist."[5]

4. Annahme des Alters

Nach dieser Betrachtung ist es notwendig, einen zusammenfassenden Blick auf das Thema zu lenken. Dabei leitet uns die Frage nach der eigenen Würde und Selbstständigkeit der Lebensphase des Alters. Ich möchte dafür wenigstens einige

Perspektiven formulieren, die selbstverständlich in hohem Maß biblisch inspiriert sind.

Die verschiedenen Phasen sind echte Lebensgestalten, die man nicht voneinander ableiten kann. Jede Phase hat ihren eigenen Charakter. Man darf sie nicht festhalten, wenn sie schon ausgelebt sein sollte. Denken wir z. B. an den infantilen Menschen, der seinem Alter nach mündig sein sollte, aber noch die Gefühls- und Charakterhaltung eines Kindes hat. Wir kennen aber auch andere Fehlformen, wie wenn z. B. jemand immer altklug ist. Jede Phase hat ihre Eigenheit, die weder aus der vorausgehenden noch der folgenden Phase abgeleitet werden kann. Zugleich ist jede Phase jedoch auch in das Ganze eingeordnet und gewinnt ihren vollen Sinn nur, wenn sie sich auf das Ganze hin ausrichtet.

Zunächst und zuerst ist es wichtig, sein Leben im Alter anzunehmen. Die Annahme seiner selbst wird im Alter sogar schwieriger. Wenn man sich nur vergleicht mit dem, was bisher an Kräften verfügbar war, sieht alles aus wie eine Minderung. Dies kann so weit gehen, dass man vom Altwerden lieber gar nicht spricht und es gar nicht hören kann, z. B. 70 Jahre zu zählen, oder sein wahres Alter sogar ganz verheimlicht und verleugnet. In geradezu perverser Form möchten sich manche in frühere Lebensstadien zurückverwandeln, die sie längst hinter sich gelassen haben. Aber keine noch so raffinierte Mode oder medizinische Maßnahme kann eine längst vergangene Jugendlichkeit wiederherstellen. Die Verleugnung des eigenen Alters kann überdies dazu führen, dass man sich Maßstäbe setzt und Leistungen aufbürdet, die übertrieben sind. Wenn die Anforderungen dann nicht erfüllt werden können, sind oft Enttäuschung und Bitterkeit das Resultat. Eine solche hohe Unzufriedenheit mit sich selbst kann schließlich umschlagen in Gleichgültigkeit und Vernachlässigung seiner selbst, weil man nichts mehr erwartet und keine Zuversicht mehr hat für dieses Leben. Dies kann dazu führen, sein Leben wegzuwerfen.

Es ist also wichtig, sich selbst mit seinem Leben im Alter anzunehmen und Ja zu sich zu sagen. Diese Annahme des Alters bringt es mit sich, dass das Älterwerden und erst recht das Altsein nicht als bloßer Verfall, sondern als eine ursprüngliche und eigene Form positiven Lebens wahrgenommen wird, das eine eigene Produktivität entfalten kann. Dazu gehört auch, dass man eine volle Freude hat an dem, was man jetzt genießen kann.

Dieses Verhältnis hat freilich eine eigene Struktur. Ein solcher alter Mensch vergisst nicht, dass er in eine letzte Phase seines Lebens kommt. Ich glaube, dass dies nicht hindert, die Welt mit ihren Schönheiten zu lieben. Aber sie wird nicht so erlebt, als ob alles gleichsam im eigenen Glück zu Ende kommt und deshalb zuvor noch regelrecht in sich selbst geradezu hineingefressen werden muss. Es gibt nun eine lautere Liebe zur Erde und zu ihren Geschöpfen, die von einer abschiedlichen Haltung geprägt wird. Es geht nicht darum, immer neue Dinge, vor allem materiellen Reichtum, anzuhäufen, sondern sich darin einzuüben, eines Tages auf ihn ganz verzichten zu können. So wird der alte Mensch immer mehr auf das, was er von innen heraus ist, zurückgelenkt, nicht auf den Besitz. Sein geht vor Haben. Darum leuchten auch manche ältere Menschen, die dankbar sind für alles, was ihnen zur Verfügung steht, aber sich in die irdischen Dinge nicht verkrallen, von innen her. Sie haben ein besonderes Gespür für das, was ihnen äußere Dinge nützen. Aus dem Gefühl der Vergänglichkeit kann etwas in sich selbst Positives kommen: das immer deutlicher werdende Bewusstsein von dem, was nicht vergeht, was bleibt und dauert. Durch eine solche Haltung kommt in das Leben etwas Ruhiges. Als man den hl. Karl Borromäus einmal fragte, was er tun würde, wenn er wüsste, dass er in einer Stunde sterben müsse, antwortete er: „Ich würde das, was ich jetzt tue, besonders gut tun." Hier wird die Lebensangst überwunden, das nervöse Auskosten-Wollen, das Sich-Vollstopfen mit allem, was man noch erreichen kann.

Wir sind endliche Menschen. Wir wissen dies immer schon, auch als jüngere Menschen. Wir wissen, dass alles Geschehen sich auf eine Vollendung hinbewegt. Das Kind weiß davon wenig, es zeigt sich bei ihm vor allem im Lebenshunger und im Schutzbedürfnis. Junge Menschen können dieses Ende jedoch manchmal fast ganz vergessen und, wie es scheint, ausschließlich nach vorne leben. Das Wissen darum, dass der Lebensbogen zu Ende geht, macht die Dinge und das Leben jedoch dichter und ernster, kostbarer und wertvoller. Es ist kein Widerspruch, wenn man zugleich sagt, dass der Erlebende immer weniger von den Dingen ergriffen wird und dass das Leben in diesem Sinne „dünner" wird. Aber dies alles trifft nicht automatisch ein. Man muss es im Leben langsam lernen.

5. Kreatürlichkeit, Abschiedlichkeit, die Gunst der Zeit und Gelassenheit

Dazu bedarf es einiger anthropologisch-theologischer Überlegungen, die Voraussetzungen sind für eine wirklich persönliche Annahme des Alters und des Älterwerdens:

- Wir wissen, dass wir endlich, ja kreatürlich sind. Dazu gehören ein Anfang und ein Ende. Es ist freilich nicht so, dass wir einfach eine unaufhörliche Zeit vor uns haben, als ob es endlos weitergehe („schlechte Unendlichkeit") oder eben das Leben nur schicksalhaft abgeschnitten wird.

- Diese Kreatürlichkeit erzeugt mit fortschreitendem Leben auch das Bewusstsein, dass wir in allen Wandlungen uns nicht nur ändern, sondern dass wir auch immer wieder Abschied nehmen nicht nur von Menschen und Dingen, sondern auch von falschen Haltungen. Menschliche Existenz ist abschiedliches Leben.

- Diese abschiedliche Lebensweise gewährt Zeit. Damit ergibt sich die Gelegenheit, sich von Fehlern und Vergehen zu befreien, manches wiedergutzumachen und um Ausgleich und Aussöhnung bemüht zu bleiben. So ist das Leben immer auch Chance, Gunst und vielleicht auch Gnade. Diese Zeit kann eine echte Freude der Umkehr schenken. Die Zeit ist ein guter Lehr- und Lebemeister. Es gibt eine echte Freude der Umkehr.

- Gelassenheit schafft eine Distanz zu den Dingen. Sie erscheint immer mehr als eine Grundtugend menschlichen Lebens, besonders heute[6]. Sie gibt uns im Verhältnis zu den Dingen, zu Moden und Begehrlichkeiten, auch den Vorlieben jüngerer Generationen eine neue Freiheit. Wir müssen nicht allem hinterherjagen. Wir brauchen nicht mehr alles mitzuvollziehen und nicht einmal alles zu verstehen. Manches dürfen wir gelassen den kommenden Generationen überlassen. Alterungsprozesse sind darum auch normal und natürlich. Erfahrung und Gelassenheit gehören dazu.

6. Späte Freiheit

In einer abschiedlichen Grundhaltung muss der Mensch lernen, die Dinge loszulassen und sich selbst von ihnen zu lösen. Es wäre nämlich eine Täuschung, vor dem Altwerden zu kapitulieren, das Leben im Ganzen preiszugeben und sich stattdessen an das zu klammern, was noch da ist. Es gibt einen schlimmen Altersmaterialismus, für den die greifbaren Dinge alles werden: das Essen und Trinken, das Bankkonto, die Geltungssucht, das Tyrannisieren der Umgebung. Man will aus dem, was man anderen befiehlt oder aufträgt oder von ihnen verlangt, das Gefühl ableiten, man sei noch etwas. In diesem Sinne muss das Lassen immer wieder eingeübt werden. Diese Annahme des Alterns geht gewiss nicht ohne Krisen. Man darf dem Altern nicht einfach wehrlos verfallen, man darf es aber auch nicht gleichgültig oder zynisch entwerten. Dafür braucht man viele Haltungen, die oft schon ein Leben lang ausgebildet worden sind: Einsicht, Gelassenheit, Mut, Aufrechterhaltung des gelebten Lebens, des bisher realisierten Sinns des Lebens. Das Streben nach Macht hält uns lange, bis zuletzt gefangen. Dabei muss man sich vor bestimmten Gefahren besonders hüten: Es gibt manchmal eine Abwertung und Herabsetzung der jüngeren Generationen, regelrechte Ressentiments gegen geschichtlich Neues, Schadenfreude über das Misslingen gegenwärtiger Bemühungen. Dies kann bis zu großem Neid gehen. Manche werden im Alter zu schlimmen Menschenhassern (Misanthropen).

Gewiss gibt es gravierende Formen von Senilität, die einen unaufhaltsamen Verfall mit sich bringen. Es wird nur noch das Wenigerwerden erfahren. Die Aufnahmefähigkeit der Sinne wird geringer. Es wird schwer, sich an neue Situationen anzupassen. Die Abläufe werden starr. Das Kämpfen hört auf. Es besteht kein Interesse mehr für das allgemeine Lebensgeschehen. Es entsteht eine Gleichgültigkeit, die sich auch nicht darum kümmert, welchen Eindruck man auf andere macht. Es gibt eine Zähigkeit des Festhaltens, die bis zum Kleinlichsten gehen kann. In der Gesamt-

verfassung kann das Negative zunehmen und do-
minieren.

Man kann nur dankbar sein, dass es heute vielen
alten Menschen vergönnt ist, durch Prävention
und Rehabilitation, durch die Geriatrie mannig-
fache Hilfe zu erhalten, sodass das eingeschränkte
Leben trotz allem erträglich bleibt[7]. Wenn dies gelingt, dann gibt es jenseits von Resignation, aber
auch Selbstüberschätzung, ein Reiferwerden. Es
gibt dann durchaus neue Motivation. Man kann
noch neue Elemente in der eigenen Biografie finden. Ja, manchmal stellt sich auch befreiender
Humor ein, der über sich selbst lachen kann.
Dies ist dann immer ein Zeichen dafür, dass der
Mensch nie bloßes Objekt ist. Auch wenn seine
Verantwortlichkeit geringer geworden ist und er
sich bescheiden muss, so ist er dennoch Subjekt
seines Daseins. So kann das Leben manchmal in
dieser Phase bewusster gelebt werden. Es gibt bei
einem gelungenen und geglückten Alter so etwas
wie eine „späte Freiheit"[8]. Dies ist ein geglück-
tes Wort für die letzte Würde des Menschen. Es
ist bewegend, wenn ein solches Leben den Glau-

ben an Gott nicht verliert. Denn die Urfragen des menschlichen Lebens lassen sich nicht auslöschen: Ist der Tod die Auflösung ins Leere oder ist es der Eintritt in die immerwährende Seligkeit?[9] Darauf gibt nur die Religion Antwort. Nur wer das Leben bisher schon als „vorläufig" erfahren und bejaht hat, kann auch in dieser Situation gelassen bleiben. Altwerden ohne den Glauben an Gott ist schlimm. Darum ist das Gebet, in welcher Form auch immer, im Leben des alten Menschen wichtig. Aber wir wissen auch, dass es im Alter eine extreme Verschlossenheit geben kann, die wirklich an das grenzt, was man Atheismus nennt. Wie es dann am Ende in einem solchen Menschen wirklich aussieht, kann nur Gott selbst beurteilen.

Solange man lebt, sollte man auch leben wollen. Aber zu diesem Leben in unserer Gegenwart gehört für den Christen auch der Ausblick auf das ewige Leben. Dafür gibt es gewiss sehr verschiedene Stile. Es gehört zur wahren Hoffnung, in einer Weise sein Leben zu beschließen, wie es Gottes Wille ist. Ich möchte schließen mit den Worten meines Lehrers Karl Rahner, der im hohen Alter, ein bis zwei Jahre vor seinem Tod, geschrieben hat: „Man soll mit Jesus beten: Vater, in Deine Hände empfehle ich meinen Geist; man darf aber auch beim Sterben mit Jesus das Psalmwort beten: Gott, mein Gott, warum hast du mich verlassen?, weil auch dieses Gebet mit dem ewigen Leben Gottes beantwortet werden wird. So sind darum auch die Stile der hoffenden Erwartung des ewigen Lebens während unseres Lebens im Alter sehr verschieden. Es kann dem einen die Hoffnung des ewigen Lebens als wunderbar tröstliches Licht das Herz erfüllen und er so freudig auf die letzte Stunde hingehen. Einem anderen ist es gegeben (das ist letztlich dieselbe Gnade), in der Standhaftigkeit eines nüchternen Glaubens zu leben, ohne sich mit eigenen Farben den Himmel ausmalen zu wollen: Ich glaube an das ewige Leben. Ein solcher wird sich sagen: Mein eigenes Herz ist schwach und eng, ich muss fast ängstlich suchen, wo neben der Müdigkeit und Dürre meines Alters für diesen Glauben noch ein Platz zu finden ist; aber Gott ist größer als mein Herz und verlangt von mir nicht mehr, als ich ehrlich aufbringen kann. Der alte Mensch ist auf die Grenzlinie zwischen Zeit und Ewigkeit gestellt. Und da hat er seine heiligste Aufgabe. Sie kann eine schwere Last sein. Aber Gott trägt sie mit uns und nimmt sie uns ab, wenn wir wirklich nicht mehr können."[10]

Die Menschen werden älter, und zwar in einem hohen Tempo. Viele Wissenschaften, vor allem auch die Lebenswissenschaften, die Gerontologie mit ihren Einzeldisziplinen, die Ernährungskunde, die Architektur u. a. richten sich darauf ein. Theologie und Kirchen haben einen hohen Auftrag und eine große Aufgabe, den sie nicht verschlafen dürfen.[11]

Anmerkungen

1 Ich habe hier viele Gedanken aufgenommen und fort-
geführt, die ich im Lauf der Jahre immer wieder neu
durchdacht habe, vgl. z. B. Glauben bezeugen, Gesellschaft gestalten, Freiburg i. Br.; Auslotungen, Freiburg
i. Br. 2016, 498–509. Den nachfolgenden Text habe
ich am 09.04.2016 benutzt als Festvortrag bei der bundesweiten Eröffnung der Woche für das Leben 2016 im
Mainzer Dom, Kleiner Wegbegleiter zu Gelegenheiten
des Glaubens und des Lebens, hrsg. von B. Nichtweiß,
Mainz 2011, 150–158; 249–252.

2 Vgl. 10. Auflage, Würzburg 1967, und in der Ausga-
be der Werke: Gläubiges Dasein/Die Annahme seiner
selbst, Mainz 1993, 117–174, vgl. auch 175–183,
184–192 (Vom Altwerden).

3 Gläubiges Dasein/Die Annahme seiner selbst, 172.

4 Entnommen der Pressemitteilung des Statistischen
Bundesamtes vom 28. April 2015 (Nr. 153/15): Neue
Bevölkerungsvorausberechnung für Deutschland bis
2060 (www.destatis.de). Zum Thema u. a. außerdem:
H.-W. Sinn, Ist Deutschland noch zu retten?, München
2003, 340–350.

5 So zusammenfassend J. Scharbert, Art. Alter, in: Neues
Bibel-Lexikon I, Zürich 1991, 82/83; vgl. auch Herders
Neues Bibellexikon, 2. Auflage, Freiburg i. Br. 2009,
24; H. W. Wolff, Anthropologie des Alten Testaments,

München 1973 u. ö., 183–186; J. Jeremias, Theologie
des Alten Testaments, Göttingen 2015, 472–478.

6   Die Benediktsregel, hrsg. von G. Holzherr, Zürich
1980, 62.

7   Vgl. W. Schmid, Gelassenheit. Was wir gewinnen,
wenn wir älter werden, Berlin 2014; begriffsgeschicht-
lich U. Dierse, Gelassenheit, in: Historisches Wörter-
buch der Philosophie 3, Basel 1974, 219–224 (Lit.);
F. W. von Herrmann, Gelassenheit bei M. Heidegger
(Manuskript); vgl. K. Lehmann, Von der besonde-
ren Kunst glücklich zu sein, Freiburg i. Br. 2006; W.
Schmid, Glück. Alles, was Sie darüber wissen müssen,
und warum es nicht das Wichtigste im Leben ist, Berlin
2007, 14. Auflage 2015. Zur Abschiedlichkeit vgl. H.
Zaborowski, Andächtig leben, Freiburg i. Br. 2015, 66
ff., 76 ff., 108 ff., 140–158.

8   Vgl. zur allgemeinen Information F. Rubin, Meine
besten Gesundheits-Tipps fürs Altwerden, München
2015.

9   Vgl. das bekannte Buch des Soziologen und Altenfor-
schers L. Rosenmayr, Die späte Freiheit, Berlin 1983.

10   Vgl. dazu auch E. Schockenhoff, Den eigenen Tod annehmen, in: G. Maio (Hg.), Abschaffung des Schicksals?, 394–416.

11   Karl Rahner, Schriften zur Theologie XV, Zürich 1983,
325. Zu den mehr inhaltlichen Fragen, die selbstverständlich vertieft werden müssen, vgl. A. Kruse, 15
Regeln für gesundes Älterwerden (www.bagdo.de);
ders., Resilienz bis ins hohe Alter, Wiesbaden 2015; G.
Maio (Hg.), Abschaffung des Schicksals?, Freiburg i. Br.

2011, 368–382 (P. Gross); G. Maio (Hg.), Die Kunst des Hoffens, Freiburg i. Br. 2016, 7–37; (K. Lehmann, Lit.). Vgl. auch die Grundsatzbeiträge im Materialheft zur bundesweiten Eröffnung „Alter in Würde", hrsg. vom Sekretariat der Deutschen Bischofskonferenz und vom Kirchenamt der Evangelischen Kirche in Deutschland, Bonn-Hannover 2016 (darin die Beiträge von A. Kruse, M. Coors/A. Dörries u. a.). Vgl. auch z. B. F. Rubin, Meine besten Gesundheitstipps fürs Älterwerden, München 1985.

12 Vgl. auch K. Lehmann, Auslotungen, Freiburg i. Br. 2016, 510–535, bes. 521 ff.; 534 f. (Lit.).

II. DIE VOLLENDUNG DES MENSCHEN: WAS HEISST „EWIGES LEBEN"?

Vor einigen Jahren wurde bei einer Umfrage ans Licht gebracht, dass die Zahl der Menschen, die sich zum Glauben an Gott bekennen, größer ist als die Summe derer, die an ein „Fortleben nach dem Tod" glauben. Dies bedeutet, dass für nicht wenige Menschen das Leben nach dem Tod mit Gott nichts zu tun hat, oder dass das Wort „Gott" nichts über den Anteil des Menschen an seiner Ewigkeit aussagt. Was stellt man sich wohl vor, wenn man von einem „Leben nach dem Tod" spricht? Einen langweiligen Ersatz und einen falschen Trost für das, was einem in diesem Leben versagt bleibt? Das fade Einerlei eines Himmels, der nur Friedhofsruhe besagt? Ein „Seelchen", das wie ein Schmetterling beim Tod davonflattert und noch irgendwo herumgeistert, um unsterblich weiterzuleben? Viele kümmern diese und andere Rätsel unseres Lebens kaum mehr. Nicht mehr die Frage: „Wo komme ich hin im ewigen Leben, auf die Seite der endgültig Geretteten oder der Verlorenen?", bewegt die Menschen, sondern: „Habe ich überhaupt etwas zu hoffen?" – Wo man überhaupt die Frage nach dem Sinn des Lebens stellt, wird die Dimension ewigen Lebens nicht selten kaum mehr erreicht. Es scheint, dass das Wahrnehmungsvermögen und der Sinn schon für die Frage nach so etwas wie „ewiges Leben" beinahe ausgetrocknet sind. Zugleich begegnet man – oft fern aller Religion – einem neugierigen Suchen nach dem, was jenseits des Todes ist: Verbindung mit dem „Übersinnlichen"; traumhaftes oder hellseherisches Bekanntwerden mit dem, was nachher kommt; Rückkehr aus dem schon erlebten Tod, Spuk und alle Formen von Mystik. Man kann unsere Frage verschieden angehen. Man kann über das Geschehen des Todes und seinen Sinn nachdenken. Auch lässt sich entlang des Stichworts „Unsterblichkeit" und „Seele" einiges entdecken. Ein anderer möchte dasselbe lieber mit den biblischen Worten „Auferstehung

der Toten" oder „Auferstehung des Fleisches" be-
zeichnen. Dies sind sinnvolle Wege. Wir wählen
in dieser Besinnung lieber einmal das Wort, das
wir aus den letzten Sätzen des Glaubensbekennt-
nisses im Gedächtnis haben: „Ich glaube ... das
ewige Leben". Wir versuchen unsere Antwort in
fünf Schritten.

1. Annäherung:
Unstillbare menschliche Sehnsucht
und ewiges Leben

Der Mensch jagt stets nach seinem Glück. Wir
sehnen uns nach etwas, was wir noch nicht erreicht haben. Solange wir unter einem bestimmten Mangel leiden, sind wir auch tatsächlich oft
selbst davon überzeugt, dass, wenn nur dieses
oder jenes Bedürfnis befriedigt ist, wir vollends
zufrieden und glücklich seien. Die Hoffnung der
Religionskritik eines Ludwig Feuerbach und Karl

Marx zielte darauf, dass Religion und mit ihr die Frage nach dem ewigen Leben überflüssig werden, wenn endlich einmal das Versprechen eines sinnerfüllten irdischen Lebens für alle eingelöst ist. In einer zukünftigen Gesellschaft sollte also das Bedürfnis nach Religion und ihrem Trost nicht mehr aufkommen können.

Unersättliches Streben nach Glück

Die Erfahrung lehrt jedoch immer mehr, dass die innerweltliche Glücksverheißung in sich unerfüllt bleibt. Wer Hunger hat, glaubt, wenn er nur zu essen habe, dann sei alles andere zweitrangig. Wenn er aber keine Angst vor Hunger mehr zu haben braucht, macht ihn die Tatsache, dass er nicht hungert, keineswegs wirklich glücklich. Sobald ein Wunsch routinemäßig und sicher erfüllt wird, verheißt er nicht mehr das Glück, das er einmal beim Namen rief. Jede auf Dauer gestellte Beglückung erleidet einen unaufhaltsamen Verfall.

Die erfahrene Befriedigung schafft immer neue

Bedürfnisse. Dadurch sinkt jedoch der Wert der Erfüllung. Wir wehren uns gegen diese Erfahrung und wollen das Glück durch Wiederholungen erreichen, doch führt dies nicht selten über die Selbstverständlichkeit und die Gewohnheit zur Frustration oder gar zum Ekel. Wer kennt nicht die heimliche Trauer in jedem Glück? Wirkliche Erfüllung gelingt nur im Nu des Augenblicks. Wir wehren uns gegen die nur flüchtige Gegenwart des Glücks und wollen es festhalten. Aber man kann Seligkeit nicht fixieren. Die Wiederholbarkeit des Glücks ist nicht unbegrenzt. Das selbst bestellte und auf Kommando abgerufene, wiederholte Glück ist nicht gegen aufkommenden Überdruss gefeit. Das Glück ist umso weniger gut, d. h. auf die Dauer beglückend, je eigenmächtiger es von uns festgehalten wird. Wer sich an sein Glück klammert, verliert es umso rascher. Das Märchen von „Hans im Glück" kann uns manche Weisheit lehren.

Alle Lust will Ewigkeit, sagt Friedrich Nietzsche. Aber jede Lust, die jemand ewig zu ertragen hätte, würde bald aufhören, Lust zu sein. Manches erträumte Paradies verlöre – würde es als Wirklichkeit erfahren – schnell allen Reiz. Eines bleibt jedoch wahr: Seligkeit ist nur dann wirklich erreicht, wenn sie dem Menschen nicht mehr genommen werden kann. „Noch an der Banalität des happy end" – so formuliert der Philosoph Wilhelm Kamlah – „wird das deutlich. Wenn der Film oder der Roman zu Ende ist, soll der Augenblick festgehalten werden, denn die Rückkehr in die Nüchternheit hat jetzt den Charakter der ,grausamen Ernüchterung'. – Es ist die grausamste Erfahrung in der Profanität, dass die erfüllte Seligkeit in ihrem Jetzt nun doch nicht ,stehen', nicht dauern kann, dass es auf die Dauer Seligkeit nicht gibt." Wir können uns in der Tat keine inhaltliche Befriedigung diesseitiger Art vorstellen. Der Glaube, an die Stelle einer absoluten Heilsverheißung könne eine diesseitige Glücksrealisierung treten, erweist sich angesichts dieser Erfahrung als hohl. Der Mensch leidet in seinem Wesen daran, mit irdischen Gütern der Macht, des Reichtums und des Ansehens keine letzte Befriedigung zu erfahren. Man kann auch sagen, dass der geistige und

willentliche Antrieb des Menschen einen solchen
unersättlichen Hunger und eine überschießende
Dynamik in sich trägt, dass er alles Erreichbare
übersteigt. Der Überschuss der Sehnsucht geht
im Vorfindlichen nicht auf. Der Mensch ist wirklich ein Wesen des ständigen Überstiegs, d. h. der
Transzendenz. Darum stranden auch nicht wenige politische Versuche, ein Paradies in irdischen
Bildern auszumalen und zugleich deren irdische
Befriedigungsmöglichkeit anzunehmen, an der
unübersteigbaren Erfahrung, dass ein erreichtes
Paradies von selbst aufhört, eines zu sein.

Unübertreffliche Erfüllung

Hier entsteht eine entscheidende Weggabelung.
Es hat manchmal den Anschein, als ob heute dem
Menschen das Bewusstsein um einen bleibenden
Sinn seines Lebens genommen würde. Die Hektik
des Konsumbetriebes produziert andauernd neue
Bedürfnisse. Das Resultat ist für den, der sich da-
rauf einlässt, ein immer unbefriedigtes und stets

neu gewecktes Genießen und Ausleben. Dies kann sogar dazu führen, dass „Erfüllung" und „Sinn" absurde und unverständliche Begriffe werden. Was ist aber der Mensch, wenn er seine letzte Sehnsucht nach unverbrauchbarem Glück verliert? Wird er dann nicht von selbst zu einem neu angepassten und anpassungsbedürftigen Tier?

Der andere Weg ist die Verheißung der Religion, dass es nämlich trotz aller intensiven diesseitigen Glücksbefriedigung Leben im Vollsinn nur in Gott geben kann. „Alle großen Religionen haben das Leben nach dem Tode unmissverständlich bejaht" (C. G. Jung). Nur Gott gewährt eine Seligkeit, die immer größer ist als jeder menschliche Hunger und darum nicht stets neuer Sensationen und rasch wechselnder Moden bedarf. Genau hierher gehört das Wort des heiligen Augustinus: „Unruhig ist unser Herz, bis es ruht in Dir." Vielleicht versteht man erst jetzt, warum die wirkliche, letzte Glücksverheißung „jenseitig" ist. Hier geht es um eine Erfüllung, die der menschlichen Sehnsucht entgegenkommt, zugleich sie jedoch unendlich übertrifft. Hier wird das wahre Verständnis von Seligkeit gewonnen, nämlich eine unaufhörliche Erfahrung mangelloser, leidloser Geborgenheit, die nicht mehr aufgehoben, gemindert oder genommen werden kann. In dieser Erfahrung wurzelt auch der klassische Begriff des Ewigen: Ewigkeit ist der zugleich ganze und vollkommene „Besitz" nie beendbaren Lebens. Die Bibel sagt es noch treffender: „Kein Ohr hat es je gehört, kein Auge hat es je gesehen, was denen, die erlöst sind, bereitet wird" (1 Kor 2,9).

2. Grundantwort der Offenbarung

So können wir uns langsam auch der Heiligen Schrift nähern, weil wir sie nun besser verstehen. Wie kommt man in der Bibel zum „ewigen Leben"?

Das Alte Testament

Der alttestamentliche Beter glaubt, dass Leben im vollen Sinn Gemeinschaft mit Gott bedeutet. Diese Erfahrung muss sich freilich auch in den widrigen Lebensschicksalen bewähren: Bleibt Gott auch überall da gegenwärtig, wo das Leben gemindert wird, im Erfolg des Ungerechten gegen den Wehrlosen, in der Zerschlagenheit unheilbarer Krankheit, oder wo es gar zerstört wird: im absurden Tod? Langsam lernt der Glaube des Alten Testaments, dass diese Lebensgemeinschaft mit Gott für den Frommen von einer unbegrenzten Reichweite ist. Die kühne Gewissheit, in der gegenwärtigen Zeit in der Gemeinschaft und Huld Gottes zu stehen, weitet sich auf das Ganze aus und stößt ins Letzte vor. „Ich aber bleibe stets bei dir, du hältst mich an meiner Rechten. Du leitest mich nach deinem Ratschluss und nimmst mich am Ende auf in Herrlichkeit. Was hab' ich im Himmel außer dir? Neben dir erfreut mich nichts mehr auf Erden. Mögen auch Fleisch und Herz mir verschmachten, Fels meines Herzens und Anteil bleibt Gott mir auf ewig" (Ps 73,23–26). Gott bleibt treu in allen Lebenslagen, und auch der Tod kann seine Hilfe und seinen Segen nicht aufheben. Nur weil der Fromme von Gott her das Leben im Vollsinn versteht, kann der Tod überwunden werden. Nach und nach vertieft sich im Gang der alttestamentlichen Geschichte dieser Gedanke, der durch die Erfahrungen des irdischen Scheiterns des Volkes Israel noch erheblich verschärft wurde. Dies wird zuerst so ausgesprochen, dass Gott den Tod auf immer vernichtet (Jes 25,8). Im zweiten Makkabäer-Buch (7,9) haben wir dann die wohl deutlichste Stelle des Alten Testaments für ein ewiges Leben: „Der König des

Weltalls wird uns, die wir für seine Weisungen sterben, zum ewigen Leben auferwecken" (vgl. auch 7,11.14; 7,23; 7,29.36; 12,43 ff.; 14,26). So sagen es die Märtyrersöhne vor ihrem Tod. Mit diesem Glauben an „ewiges Leben" wird die Erwartung der Auferweckung des Leibes, der Gedanke des Gerichtes und der Vergeltung sowie die Hoffnung auf ein Wiedersehen verbunden.

Das Neue Testament

Ähnlich wird auch im Neuen Bund vom ewigen Leben gesprochen. Man kann von ihm nicht sprechen, ohne dass zugleich vom Tod und von der Auferstehung Jesu Christi die Rede ist. „Ewiges Leben" darf darum nicht ein vorschnelles und voreiliges Wort sein. Sonst wird es allzu leicht als die Verlängerung und als Fortgang nur unseres diesseitigen Lebens verstanden. Der oft grausame Abbruch unserer irdisch-leiblichen Existenz darf nicht verdrängt werden. Der Tod wird bitter ernst genommen. Wir müssen gerade an dieser Stelle aufpassen, wie das Neue Testament vom „ewigen Leben" spricht. Der Tod wird nicht in seiner Macht verniedlicht. Man redet nicht direkt und geradewegs vom „ewigen Leben". Man weiß um die radikale Verwandlung, die der Tod bedeutet. So ist für das Neue Testament zunächst – wenn es vom „ewigen Leben" spricht – wichtig, dass sich die Hoffnung des Glaubenden nun gegen den Tod wenden darf. Der Tod hat nicht das letzte Wort, aber er wird auch nicht idealistisch romantisiert. Der Tod selbst wird durch das Sterben und die Auferstehung des Herrn verwandelt. Die Auferweckung Jesu gibt freilich keinen Anlass zu irgendeiner Art von Schwärmertum. Der auferstandene Herr berichtet nicht vom „Jenseits", er wendet uns vielmehr zuerst das neue Leben zu, das der Tod nicht mehr vernichten kann. Die erste Wirkung des Todes Jesu ist, dass wir die Sendung und den Auftrag zum Zeugnis für das ewige Leben erhalten. „Nur der Gekreuzigte ist auferstanden, und die Herrschaft des Auferstandenen geht gegenwärtig so weit, wie dem Gekreuzigten gedient wird" (Ernst Käsemann).

3. Verborgene Gegenwart des ewigen Lebens in unserer irdischen Existenz

Vom ewigen Leben darf also nicht nur „jenseitig" die Rede sein. Jetzt schon verwandelt das aus Kreuz und Auferstehung Jesu Christi stammende Leben unser tägliches Dasein.

Glaube als zeitlicher Einsatz des ewigen Lebens

Ewiges Leben, das aus der Hingabe Jesu Christi am Kreuz geboren wird, ist also zuerst Indienstnahme und Einsatz für Gottes Liebe. Gnade und Heil, ewiges Leben und Seligkeit sind jedoch für Glauben und Hoffnung, die sich die Augen offenhalten, nur verborgen, da in jenem Jesus Christus, der sein Leben für alle hingegeben hat, und in dieser Liebe die Schuld, das Leid und den Tod verschlungen hat. Die Gegenwärtigkeit des neuen Lebens bewährt sich nicht zuletzt daran, ob der

Christ sich auf das von ihm Geforderte einlässt, das Kreuz konkreter Liebe auf sich nimmt oder durch falsche Sehnsüchte die Stunde der Sendung und des Auftrags schwärmerisch überfliegt. Gerade Paulus lehrt mit Entschiedenheit, das konkrete Dasein ernst zu nehmen. Diese Annahme der Wirklichkeit ist nicht ein resignierendes Hinnehmen, sondern entspricht eher einem bejahenden Übernehmen und darin Besiegen dessen, was widrig ist. So gibt es für Paulus tragbares Leid und getröstete Trauer und auch einen Tod, der im Verborgenen Erlösung findet. Dass hier nicht lähmende Identifikation mit der Welt, sondern konkret erfüllte Kraft der Hoffnung ihren Sieg behält, kann Paulus (2 Kor 4,8 ff.) bezeugen: „In allem werden wir bedrängt, aber nicht in die Enge getrieben, in Zweifel versetzt, aber nicht in Verzweiflung, verfolgt, aber nicht verlassen, zu Boden geworfen, aber nicht vernichtet; alle Zeit tragen wir das Sterben Jesu am Leibe herum, damit auch das Leben Jesu an unserem Leibe offenbar werde." Das Leben, das durch den Tod nicht mehr absolut erniedrigt werden kann, leistet das Unwahrscheinliche und Unmögliche, dass nämlich Leben und Tod schon im Diesseits in einem fruchtbaren Streit bleiben. Nur darum kann Paulus in folgender Weise von Leben und Tod sprechen: „Als Sterbende, und siehe, wir leben, als Gezüchtigte und doch nicht getötet, als Betrübte, aber allzeit fröhlich, als Arme, die aber viele reich machen, als solche, die nichts haben und doch alles besitzen" (2 Kor 6,9 ff.). Ein solches Leben kann nur in der Kraft dessen geführt werden, der den Tod und alle bedrohlichen Mächte des Menschen durch den Tod selbst besiegte: „In dem allem siegen wir glänzend durch den, der uns geliebt hat" (Röm 8,37).

Die christliche Besinnung auf das ewige Leben entleert also das diesseitige Leben nicht durch falsche Träume über ein Jenseits, sondern macht dafür bereit, das sterbliche Leben ganz anzunehmen, ohne ihm jedoch zu verfallen. Es gibt für diese Dimension des ewigen Lebens ein großartig einfaches Wort von Madeleine Delbrêl: „Der Glaube ist der zeitliche Einsatz des ewigen Lebens: sind wir zeitlich genug?"

Gegenwärtige Erfahrung künftigen Lebens

Die Schrift nennt den Anfang des ewigen Lebens in der geschichtlichen Existenz „Frucht des Geistes". Der Geist vermittelt Gottes Leben zwischen geschichtlicher Gegenwart und ewiger Zukunft. Nur in ihm kann anfänglich, aber wirklich und erfahrbar das künftige Leben zu uns gelangen. Darum gehören die „Früchte des Geistes" viel enger zur Wirklichkeit des „ewigen Lebens", als uns gewöhnlich bewusst ist (vgl. Gal 5,22). Es sind nüchterne Gaben: Liebe, Freude, Friede, Langmut, Freundlichkeit, Güte, Treue, Sanftmut und Selbstbeherrschung. Ohne diese Erfahrung des Geistes und seiner Früchte gibt es keinen Zugang zum „ewigen Leben". So verstehen wir auch, dass zwar unser irdisches Leben und Tun nicht fortlebt im Sinn einer direkten Verlängerung ins Unendliche, dass es aber auch nicht schlechthin abgebrochen wird im Sinn einer totalen Vernichtung. Dieses unser Leben wird vollendet sein. Halten wir uns an den Apostel Paulus, der davon spricht, dass unser Leben „verwandelt" wird. Wie dieses ewige Leben dann genauer aussieht, dies können wir getrost Gott selbst und der letzten Stunde überlassen. Wenn wir eingestehen, dass wir inhaltlich vom jenseitigen „ewigen Leben" weniger wissen, als man früher gelegentlich meinte, dann sind wir in guter Nachbarschaft zum Verständnis des Lebens im Johannesevangelium, wo Jesus sagt: „Wer mein Wort hört und dem glaubt, der mich gesandt hat, der hat ewiges Leben, und in ein Gericht kommt er nicht, sondern er ist aus dem Tod ins Leben hinübergegangen" (Joh 5,24).

4. Antwort auf die letzte Frage des Menschen: Leben nach dem Tod

Doch ist damit der volle Sinn des Wortes „ewiges Leben" noch nicht erschöpft. Ewiges Leben ist nicht bloß Kraft für das Diesseits, wie mancher heute schmackhaft machen will. Es ist sogar zumeist nur verborgen und unter dem Zeichen des

Kreuzes und des Leidens gegenwärtig. Zu seiner Wirklichkeit gehört diese tiefe Verborgenheit, wie wir es besonders an der Zerbrechlichkeit unseres Bemühens um das Gute erfahren. Von uns allein aus können wir nichts wirklich Bleibendes schaffen. Wir erfahren dies in der Vergeblichkeit unseres Tuns, in der Hinfälligkeit unseres Lebens, in den Niederlagen beim Kampf gegen das Böse und schließlich in der Wirklichkeit des Todes. All dies ist das Gegenteil von „ewigem Leben".

Mancher Christ wird nämlich die bisher versuchte Sinndeutung ewigen Lebens annehmen, aber er glaubt, darüber hinaus wäre jedes weitere Wort überflüssig. Man soll es doch bei dieser Bestimmung des hiesigen Lebens belassen und sich mutig von allen mythologischen Eierschalen und apokalyptischen Vorstellungen trennen.

Das Neue Testament ist nicht dieser Meinung. Es fällt auf, dass gerade da, wo das ewige Leben in seiner gegenwärtigen Kraft herausgestellt wird (Joh, Kol, Eph), nicht nur seine Verborgenheit, sondern die noch gänzlich ausstehende, endgültige Offenbarung betont wird. Hier darf an das erinnert werden, was im ersten Schritt unserer Besinnung aufgezeigt wurde: Es gibt keine dies-seitige Befriedigung menschlicher Sehnsucht.

Letzte Gerechtigkeit nur in Gott

Vielleicht muss man an einige Erfahrungen erin-nern, bei denen uns die Notwendigkeit eines wei-teren Fragens und Suchens besonders aufgeht. Im Grunde ist es die alte Frage nach dem Gericht Gottes über die Weltgeschichte oder auch nach der Rechtfertigung des Bösen vor und durch Gott. Wer rächt den unschuldig Verfolgten, dessen Mörder entkam? Was ist mit dem Los derer, die ein absurder Tod vor aller Vollendung oder mitten aus der Sorge für Unmündige hinwegnahm? Wir sind heute solchen Fragen gegenüber eigentüm-lich abgestumpft geworden. Unheil, Unglück und Tod erscheinen uns oft wie Naturkatastrophen, die jäh hereinbrechen und im Grunde keine Fra-ge nach dem Warum und nach dem Wohin er-lauben. Darum gehen die Erfolglosen, die unter die Räder Gekommenen, die Opfer auch in der Dämmerung unseres Bewusstseins so schnell wieder unter. Das Leiden wird rasch vergessen, die Trauerzeiten sind kurz. Diese Abstumpfung gegen „fremdes" Leid macht uns immer unfähiger, in einem solchen Leben irgendeinen „Sinn" zu entdecken. Aber gerade hier gewinnt schon die Frage nach dem ewigen Leben so etwas wie einen kritischen Stachel: Einzig nämlich im unvergesslichen Gedenken Gottes sind die Namen derer unauslöschlich eingeschrieben, die wir Menschen vergessen, verachten und übersehen. Wenn Gott nicht in seinem treuen Gedenken bei jenen wäre, die von der Welt schändlich und erbarmungslos behandelt worden sind, hätte sein Name keinen Sinn. Nur mit ihm ist auch eine letzte Rettung des menschlich Verlorenen, des einsam Guten, des sozial „Unnützen" und des unheilbar Kranken verheißen. Hier wird wahr, dass Gott alle Haare jedes Einzelnen gezählt hat. Der Christ ist überzeugt, dass Gott dem schmählich Zerschlagenen die Wunden heilt und jene Ungerechtigkeit zurechtrückt, die keiner gesehen hat.

Hier wird im Angesicht Gottes die Weltgeschichte gegen unsere Lesarten und Deutungen entziffert, gegen den Strich gebürstet.

Ihn schauen von Angesicht zu Angesicht

So zeigt sich, dass das individuelle Leben nicht nur in die gegenwärtige Gesellschaft verflochten ist, sondern auch seine eigene Geschichte hat. Das Reich Gottes und das „ewige Leben" umfasst wie die kommenden, so auch die früheren Generationen der Menschheit. Heil und Leben gibt es nicht nur für die jetzige oder gar für die letzte Generation. Die Geschichtsmächtigkeit Gottes und seine Unmittelbarkeit zu allen Zeitaltern der Menschheit verhindert, dass das Glück des Individuums für die vermeintlich bessere Zukunft der Menschheit geopfert werden darf. Dieser absolute Rang der Menschenwürde auch des geringsten Bruders ist nicht nur eine große endzeitliche Hoffnung, sondern stellt auch eine tiefe gesellschaftskritische Rückwirkung dar: Die anonymen Opfer der Kriege, der Grausamkeit der Hungerkatastrophen und der menschlichen Rücksichtslosigkeit bewahren im lebendigen Gedächtnis Gottes ihren unverwechselbaren Namen. Weil sie, zumal in ihrer Verlassenheit, von Gott gekannt und geliebt sind, darum können sie nicht mehr total untergehen. Wenn sie niemand in Liebe und mit Mitleid anschaut, sind sie vor dem Angesicht des lebendigen Gottes in besonderer Hut. Die Sprache des christlichen Glaubens hat diese letzte Rettung des Menschen damit zum Ausdruck gebracht, dass sie sagt, der vor Gott Vollendete schaue ihn von Angesicht zu Angesicht. Er wird gesehen, gewürdigt und nicht vergessen.

Hier ist auch der Ort, wo all das, was „ewiges Leben" in dieser Vollendung bedeutet, am besten in der Sprache der biblischen Bilder gesagt wird. Diese tragen etwas von dem unverbrauchbaren Überschuss an menschlicher Sehnsucht und noch mehr von unausdenkbarer göttlicher Erfüllung in sich: das nie endende Freudenmahl aller Völker in Eintracht; der Tag, an dem Gott alle Tränen wegwischt; die Zeit, da das Lamm und der Wolf einträchtig zusammen wohnen; Seligkeit, wie sie am ehesten noch zwischen Braut und Bräutigam lebt. Die Unzerstörbarkeit dieser Bildworte in fast allen großen Religionen spiegelt keine irdische Realisierung wider, sondern die immer quellfrische Unerschöpflichkeit ewigen Lebens.

5. Konzentration und Synthese: Wer oder was ist das ewige Leben?

Wir haben die grundsätzliche Antwort und die wichtigsten Dimensionen der Frage nach dem ewigen Leben erläutert. Jetzt müssen wir die gewonnenen Einsichten nochmals zusammenfassen. Dabei leitet uns das Problem, wie man vom ewigen Leben sprechen soll.

Gott ist das ewige Leben

„Ewiges Leben" ist darum auch kein sachliches Neutrum, sondern wie eine Person, der man in der Sprache der Liebe in allen Situationen des Lebens sagen kann: Ich glaube an dich. Wer darum das ewige Leben darin sucht, dass er nur egoistisch die Fortsetzung dieses seines Lebens verlangt, wird es verlieren. Wer sich für Gott und die Menschen weggibt, wird das ewige Leben gewinnen. Man kann nur in Gott selbst das ewige Leben erlangen. Darum hat das Alte Testament auch so entscheidend richtig gesehen, wenn es nur den Beter, d. h. von innen her die unzerstörbare Gemeinschaft mit Gott erfahren lässt. „Ewiges Leben" ist also im Grunde nur Gott selbst, Gott alles in allem, und die unerschöpfliche Freude an dieser seiner bleibenden Gegenwart. Seitdem auf dem Antlitz Jesu Christi diese Herrlichkeit Gottes offenbar wurde, hat er uns gezeigt, wie in allen menschlichen Situationen, auch der äußersten Ausweglosigkeit, das Leben Gottes gesucht und gefunden werden kann. Ohne diesen ständigen, von Jesus Christus her zu lernenden Überstieg zu Gott dem Vater und zum Menschenbruder gibt es keinen Zugang zu unzerstörbarem Leben. Ewiges Leben kommt aus der Liebe Gottes und kann nur in jener von Gott inspirierten Hingabe bewahrt werden, in der wir unsere Eigenheit für andere öffnen und so zur Erfüllung bringen. Dafür ist Jesus Christus selbst der Weg, die Wahrheit und das Leben (vgl. Joh 14,6). Hier öffnet sich die Kraft des christlichen Glaubens: „Dies ist das ewige Leben: dich, den einzigen und wahren Gott zu er-

kennen und Jesus Christus, den du gesandt hast"
(Joh 17,3).

Leben heißt Christus

Man könnte auch an Paulus zeigen, dass es den
Christen nicht zuerst auf eine Jenseitsspekulation
ankommt (vgl. Phil 1,18–24). Alles kommt ihm
darauf an, bei Jesus Christus zu sein. Der Tod hat
nicht den Charakter einer Flucht oder eines Ent-
kommens in eine als besser vorgestellte Welt. Das
Mehr, das Paulus vom Sterben erhofft, ist nicht in
einer resignierenden Abwendung vom Leben begründet. Vielmehr ist das ewige Leben, das jenseits
der Grenze des Todes liegt, eine Steigerung dessen,
was bereits die diesseitige Wirklichkeit bestimmte, insofern Jesus Christus der Grund des Lebens
ist. Leben heißt Christus (Phil 1,21). Das Leben
aber, das Christus ist, kann durch den Tod nicht
genommen, sondern nur gemehrt werden. Die ge-
steigerte und bleibende Christusgemeinschaft ist
für den Apostel das erstrebenswerte Gut. Darum

kann Paulus auch sich ganz wieder seinen Brüdern und Schwestern zuwenden, wenn diese ihn nötig haben.

Was Leben ist, kann man nur erfahren und erleben. Keiner, der das ewige Leben nicht in diesem Leben schon als anfängliche Kraft, als „Angeld", wie Paulus sagt, in sich trägt, wird es bei der Vollendung seiner irdischen Existenz geschenkt bekommen. Aber wir sind noch nicht, was wir sein sollen. Auch in uns bezeugt sich das ewige Leben in verhüllten Zeichen und ist gegenwärtig in irdenen Gefäßen. Es muss sich als geduldige und ausdauernde Kraft der Hoffnung bewähren. Erst wenn es durch das Feuer des göttlichen Gerichtes hindurch geläutert und vollendet wird, werden wir seine wirkliche Gestalt erkennen. Bis dahin bleibt gerade jede Rede vom ewigen Leben Stückwerk. Nur die Tat jener unvergleichlichen Liebe, die Paulus im dreizehnten Kapitel des ersten Korintherbriefes rühmt, hat die Verheißung, auch jetzt schon in der reinsten Gestalt das Bleibende zu bezeugen.

Es gibt noch viel zu bedenken. So müsste man

danach fragen, wie uns Jesus Christus das ewige Leben hinterlassen hat. Die Antwort darauf wird uns in der Bibel deutlich gegeben: das Evangelium und die Sakramente, besonders die Eucharistie. Das Wort Gottes gewährt uns Worte des ewigen Lebens (vgl. Joh 6,68). Die Eucharistie ist die lebenschaffende Kraft. Sie gibt der Welt das Leben. Darum sprechen wir mit Recht auch davon, dass die Eucharistie die heilige Wegzehrung sei: Sie hilft dem Menschen den Tod zu bestehen und das ewige Leben zu gewinnen, weil Jesus darin mit seinem Tod und seiner Auferstehung gegenwärtig wird für alle, die an ihn glauben.

Hierher gehört auch ein wichtiges Jesuswort, das nicht selten falsch gedeutet wird. Genau übersetzt heißt es: „Wer sein Leben gefunden hat, wird es verlieren, und wer sein Leben um meinetwillen verloren hat, der wird es finden" (Mt 10,39). Wer sein Leben gefunden hat, wagt nichts mehr auf Gott hin. Er ist „fertig" mit seinem Leben und betrachtet das Erreichte als einen festen Besitz, über den man verfügen kann. Dagegen sagt die Schrift, dass niemand Herr sei-

nes Lebens und seines Todes ist. Das Wort vom
Sich-Verlieren sagt jedoch noch nicht alles. Es
gibt nämlich auch eine unwahre Hingabe eigenen Lebens: Man gibt sich zuerst weg, um sich
selbst zu gewinnen. Hinter der Fassade „Hingabe" kann sich auch eine egoistisch inszenierte
Selbstentäußerung und Selbstdrangabe verber-
gen. Darum können wir uns solche Situationen
auch nicht aussuchen. Sie erreichen uns da, wo
wir es nicht vermuten. Nur Gott kann uns zur
äußersten Armut des Sich-Verlierens führen. Nur
um Jesu Christi willen kann man sein Leben
wirklich verlieren. Nur in ihm können wir den
wahren Tod sterben. Er ist das Leben, das ewig
weggeschenkte Liebe ist.

So zeigt uns diese Überlegung, dass Jesus Christus das Leben nicht als ein von ihm abtrennbares
Gut bringt, sondern dass er selbst dieses Leben
ist. Gabe und Geber lassen sich nicht trennen.
Oft wird uns die Gegenwart des ewigen Lebens
im Dunkel unserer täglichen Erfahrungen ent-
schwinden. Aber gerade dann darf diese Hoffnung nicht zu einem bloßen Traum werden. Der

Glaube ist der Mut des Widerspruchs zu allen Formen der Hoffnungslosigkeit und Verzweiflung. Dieser Glaube lebt aus der Gewissheit vom ewigen Leben. Weil es das ewige Leben gibt, darf der Mensch auch in diesem Dasein wirkliches Glück erwarten und erfahren. Es bleibt dann immer noch der Schrecken des Todes. Aber auch er ist inmitten aller Angst und bedrängenden Enge grundsätzlich überwunden. Paul Celan erzählt uns von dieser Hoffnung in einem Gedicht aus der Folge „Atemkristall": „Es sind noch Lieder zu singen jenseits der Menschen."

Literaturhinweise

aus jüngerer Zeit (nach Erscheinungsdatum):

- H.-J. Braun u. a., Ewiges Leben, in: Religion in Geschichte und Gegenwart, 4. Aufl., 2. Band, Tübingen 1999, 1760–1771.
- E. Jüngel, Thesen zur Ewigkeit des ewigen Lebens, in: Zeitschrift für Theologie und Kirche 97 (2000), 80–87, Ders., Evangelischer Glaube und die Frage nach Tod und ewigem Leben, in: Das Wesen des Christentums in seiner evangelischen Gestalt. Eine Vortragsreihe im Berliner Dom, Neukirchen 2000, 112–132.
- J. Ratzinger, Einführung in das Christentum, Neuausgabe, München 2000, 329–341.
- J. Ratzinger, Eschatologie – Tod und ewiges Leben = Kleine katholische Dogmatik IX, Regensburg 1990, 6. Auflage, 96 f., 132 ff., 150 ff., auch in: Gesammelte Schriften 10, Freiburg i. Br. 2012.
- K. Rahner, Hoffnung des ewigen Lebens, in: K. Lehmann, A. Raffelt (Hrsg.), Karl Rahner Lesebuch, Freiburg 2003, 448–453.

- M. Kehl, Auferstehung der Toten und das ewige Leben, in: W. Fürst, J. Werbick (Hrsg.), Katholische Glaubensfibel, Freiburg i. Br. / Rheinbach 2004, 87–90.
- H. Küng, Ewiges Leben?, 9. Aufl., München 2004, auch: Ewiges Leben? Sämtliche Werke[10], Freiburg i. Br. 2017
- O. H. Pesch, Katholische Dogmatik. Aus ökumenischer Erfahrung, Band 2, Ostfildern 2010, Traktat XI: Vollendung, 812–995, bes. auch 143 f.
- W. Kasper, Wer glaubt, zittert nicht, Freiburg i. Br. 2009, 247 ff. 355 ff.
- G. Wenz, Vollendung = Systematische Theologie X, Göttingen 2015, 85 f., 108 ff., 146 ff., 194 ff., 296.
- K. Lehmann, Auslotungen, Freiburg i. Br. 2016, 498–509, 510–535.